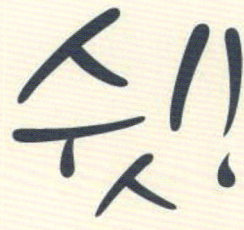

쉿!
잠시 머물다

예명옥 제2시집

피어있는 꽃은
잠시 머무는 시간을
알고 있기에 아름답고
지는 꽃은
향기를 다 내어주었기에
미련없이 아름답다

예인문화사

쉿, 잠시 머물다
예명옥 시집

인쇄 2025년 6월 19일
발행 2025년 6월 26일

지은이 예명옥

펴낸이 김종대
펴낸곳 예인문화사
등록번호 제2017-000008호 (553-01-00646)
　　　　부산광역시 수영구 망미로22번길 49(망미동) 3층
　　　　M. 010-3845-8599 / E. gaserol@hanmail.net

값 12,000원
ISBN 979-11-92010-42-7 (03810)

* 잘못된 책은 바꾸어 드립니다.
* 저자와 협의하여 인지는 생략합니다.

【시인의 말】

두 번째 시집을 출간하면서

1.

첫 시집 『광활하게 그리고 심오하게』를 발간하고 많은 시간이 흘렀다. 퇴직 후 시간이 많을 것 같았는데, 생각과는 다르게 여러 가지 일들이 많았다. 아들이 결혼해서 지혜로운 며느리가 들어오고 예쁜 손주 로훈이가 태어났다. 시어머니가 돌아가셨고, 딸도 인생의 귀한 인연을 만나 결혼을 했다. 이런 일들이 자연의 순리겠거니 자연스레 받아들인다. 늦다고 생각할 때가 가장 빠르다는 말처럼 그동안 미루었던 두 번째 시집을 이제야 상재한다.

2.

이번 시집에서는 시골 정서로부터 비롯되어 자연을 노래한 것이 많다. 특히 가족에 대한 사랑과 거대한 자연의 숭고함을 담아내고자 했다. 자연의 순리는 삶의 순리와 닮았다는 것에 깊이 공감했기에 시의 모티브를 특별하게 찾기보다 일상의 자연스러움에서 시혼을 구했다.

3.

　나의 시 작품은 소소한 일상생활 속에서 문득문득 스치는 감성과 경험한 것을 시어로 발전시켰다. 어떻게 살아야 하는지에 대한 삶의 방향은 뚜렷했지만, 그럴 때마다 감성은 오히려 메말라 흔들렸던 날들이 있었다. 시를 만나면서 사막에서 만난 오아시스 같은 생명력으로 문학이라는 넓은 바다에 아름다움을 가감 없이 드러냈다. 시가 있어 가슴 뛰었고, 삶의 활력소가 되었다.

4.

　나에게 시는 "봄이 오기 전 봄 산처럼, 봄이 온 봄 산처럼, 꽃이 핀 봄 산처럼 삶의 에너지다." 좋은 글과 시를 써야겠다는 욕심보다 초심으로 돌아가 언어미학을 추구하는 시인이 되고자 다시 마음 다잡는다. 무엇보다 나의 시집이 언제나 일상의 휴식시간이 되길 바란다.

2025년 여름에
시인 예명옥

차례

■ **시인의 말** 예명옥 … 3

■ **제1부 인생 면허증**

- 인생 면허증 … 13
- 길 … 14
- 개꿈 … 15
- 인연 … 16
- 한 사람 … 17
- 담담한 사랑 … 18
- 고백 … 19
- 기다림 … 20
- 커피 향기 … 21
- 무상의 행복 … 22
- 삶의 진리 … 23
- 마음의 선물 … 24
- 밤의 연가 … 25
- 그대와 함께라면 … 26
- 사랑의 난로 … 27
- 사랑한 만큼 … 28
- 함께하고 싶다는 건 … 29
- 사랑한다는 건 … 30
- 사람인지라 … 31
- 약속 … 32
- 새해 … 33
- 인생 … 34
- 마무리 … 35
- 당신의 한 해 어떠신가요 … 36

제2부 탄생의 언어

- 고향길에서 만난 가을 … 39
- 인연의 뿌리 … 40
- 한가위 추억 … 41
- 하루를 그리다 … 42
- 남편에게 … 44
- 불 꺼진 방 … 45
- 함께 산다는 건 … 46
- 구름이에게 … 48
- 때가 되면 … 49
- 아, 옛날이여 … 50
- 탄생의 언어 … 52
- 사랑의 물레방아 … 53
- 내 손주 … 54
- 극락왕생하시옵소서 … 55

제3부 물처럼 바람처럼

- 물처럼 바람처럼 … 59
- 호랑나비 … 60
- 꽃이란 … 61
- 등 굽은 나무 … 62
- 아름답지 않은 꽃 어디 있더냐 … 63
- 화평 和平 … 64
- 할미꽃 … 65
- 벚꽃 … 66
- 보도블록 사이에 핀 꽃 … 67
- 꽃의 삶 … 68
- 꽃집을 지나다 문득 … 69
- 봄꽃 릴레이 … 70
- 수국 향기 … 71
- 장미 같은 사랑 … 72
- 담쟁이 … 73
- 능소화 … 74
- 억새꽃 … 75
- 정월대보름 … 76
- 봄날 … 77
- 춘래불사춘 春來不似春 … 78
- 봄날엔 … 79
- 사월의 노래 … 80

제4부 가을이 되면 나는 묻습니다

- 단풍 … 83
- 어느 오월 … 84
- 유월의 끝자락 … 85
- 싱그러움 … 86
- 팔월의 노래 … 87
- 8월의 매미에게 … 88
- 가을이 되면 나는 묻습니다 … 89
- 가을에 묻는다 … 90
- 10월이 되면 … 91
- 시월 … 92
- 시월이 가기 전에 … 93
- 가을 … 94
- 가을바람·1 … 95
- 가을바람·2 … 96
- 가을비·1 … 97
- 가을비·2 … 98
- 가을날 일기 … 99
- 가을 연가 … 100
- 늦가을 찬비 … 101
- 가을이 가려 합니다 … 102
- 가을을 보낸다 … 103
- 겨울 초입에 들다 … 104
- 겨울 이야기 … 105

제5부 황톳길에 눕다

- 황톳길에 눕다 … 109
- 섬 … 110
- 풍금 … 111
- 부산이 참 좋다 … 112
- 불꽃축제 … 113
- 물만골 정경 情景 … 114
- 가평에 간다 … 115
- 용두산 불꽃 나무 … 116
- 제주 바다 … 117
- 용눈이 오름 … 118
- 토야호를 품다 … 119
- 칭기즈칸이 되다 … 120
- 삿포로 추억 … 122
- 도도한 여자 당당한 남자 … 123
- 간이역 … 125
- 이방인 … 127

제1부

인생 면허증

인생 면허증

타고난 운명도 제각각
살아가는 방식도 오목조목
추구하는 꿈도 각양각색

각자의 삶 다르다지만
부귀 향한 무거운 몸짓은 한결같아
내 사주팔자 너무 잘 알고

받아들이자 냉정하게
당황하거나 서둘지 말고
헛된 망상에서 깨어나자

일상은 깃털처럼 가볍게
생각은 이슬처럼 영롱하게
사랑은 흔들리지 않는 바위처럼
행복한 삶은 큰 그림 아니더라

길

힘들지 않은 길 없다
누구나 첫걸음은
어렵지 않은 길 없다
누구나 처음에는

길이란
그 길 먼저 간 이가 있다는 것
그 길 걷는다는 건
흔적이 있다는 것

그 길 곧 나의 길
또 다른 누군가의 길
보이지 않는 흔적
길로 이어진다

개꿈

새하얀 눈밭에 목줄 푼 반려견
뭔가에 홀린 듯 호수로 달려 뛰어든다
깊숙한 물속으로 잠수하더니
입에 물고 나온 새끼 한 마리 건넨다

물 젖은 새하얀 고운 털
향기 바람 불어 젖은 털 뽀송하다
어젯밤 꿈, 생시인 듯
또렷하게 여운으로 남은 꿈

이건
무슨 꿈
개꿈

인연

인연이란 걸 믿고 있었기에
운명으로 생각했고
순간의 선택이
평생을 좌우한단 말처럼
두 사람의 인연은
시작되었나 봅니다

수 없이 스친 순간의 옷깃
그런 옷깃인 줄 알았는데
옷깃에도 두께와 깊이가 있을까요

어느새 두 사람은 숨바꼭질하듯
가슴 가장 깊은 곳에 자리 잡더니
몽글한 씨앗 꽃이 되어 열매 맺습니다

추운 겨울 오기 전 아름다운 계절에
두 사람은 서로의 온기 품고
또 다른 사랑의 꽃 피우려 합니다

한 사람

수많은 사람 중 우연히
내 마음에 들어온 한 사람
작은 눈에 살아있는 눈동자
앙다문 입술에 번지는 미소

적당한 넓이로 각진 어깨
매끈하게 흘러내린 다리
옷 속으로 비치는 탄탄한 근육
청포도 향기처럼 싱그럽다

뜨거운 여름도 그냥 보냈는데
가을 길목에 서성이던 갈바람이
새삼, 고요한 나를 흔들어 유혹한다
거친 숨결에 고운 사랑 누이고 싶다

담담한 사랑

사랑이 그대 향해 손짓할 때
미소 띤 얼굴로 담담히 맞이해 보라
세상 어떤 것보다 으뜸이라 않더냐

슬픔과 절망이 그대 향해 손짓할 때
담담하게 맞서보라
세상 어떤 것도 사랑 앞에선
의미 없다지 않더냐

사랑은 뜨겁게
담담하게 받아들이되
소유하지는 말라 하네

고백

강하다고 생각하고
무엇이든 할 수 있다는
긍정의 아이콘으로 살았지만
칸칸이 들어찬 자신감 속에도
텅 빈 공허가 있다는 걸 알고 있다

고백하건대
꽃 피고 낙엽이 지면
한 잎 무게로 흔들렸고
눈송이 내려 하얀 세상 되면
가슴 터지도록 허둥대었다
어쩌다 보이지 않는 소리 들리면
어둠 속에서 혼자 떨기도 했다

생각건대 흔들리지 않고
시들지 않으며 허둥대지 않는 삶
세상에 어디 있더란 말이냐

낯섦은 새로운 떨림이라
흔들리고 떨리며 견디는 것임을

기다림

목구멍이 타도록 기다린 숨결
행여나 오시려나 믿었는데
애꿎은 문고리만 요란하다

오신다는 한마디 아직도 쟁쟁한데
뜨겁던 그 눈빛 차마 감출 수 없어
마음 추슬러 거울 앞에 앉는다

꽃망울 터뜨려 온통 꽃밭인데
기다리는 마음만 초침에 녹는 빙하
상사화 힘없이 노을에 탄다

커피 향기

가을처럼
쌉싸래한 냄새가 난다

오랜 그리움이
묻어있다

세월의 풍금 소리처럼
감미롭다

나를 닮은 듯
나는 커피 향기 닮은 듯

무상의 행복

대부분 사람은 한 집에 모여 서로 사랑하며 삽니다
때로는 다투고 토라지면서 흩어졌다 다시 뭉칩니다
할아버지의 할아버지가 그랬고
아버지의 아버지가 그랬듯이
오랜 시간 핏줄과 핏줄 맞닿아 있음을 압니다

조건 없이 사랑하고 생각 없이 다투고 토라지던
그때가 얼마나 소중한 시간인지 모릅니다
잠시 묵은 그리움의 시간 따라 저를 깨웁니다
허둥대며 살아온 지난 세월의 적막 밀치고 봅니다
어느새 무상의 행복 계단 맨 끝에서 웃고 있습니다

삶의 진리

사람도 자연도 미처
겨울 채비 못 차렸다면
닥쳐올 겨울 참 야속하다
차가운 바람 인정사정없이 불어오면
편히 눕지 못하면서 나뭇잎도 불안하다

계절의 인계인수 명확한데
받아들이는게 자연스럽지 않다면 무척 아쉽다
첫눈이 어설프게 내려서는
응달진 구석에 밑자리 잡으면
조금씩 영역을 삼키다
마침내 겨울왕국이 된다

이쯤 되면 겨울은 모든 것의 자유를
강하게 억압하고 생명체는 숨 죽이며
깊은 수면 아래로 잠복潛伏한다
이마저도 허락되지 않는 생명체에겐 긴 고통이다

생존을 위한 몸부림 모든 생명체에 차이가 없다
인간의 노동과 자연의 무노동 차이일 뿐
늘 살아내기 위한 각축장角逐場은 현실이고 진리이다

마음의 선물

그대여, 알고 계시나요
저에게 준 선물 가슴에 별이 되어 찾아와
그 사랑 안에 꽃 피고 열매 맺어 행복했어요

기쁨도 슬픔도 때로는 미움도
서로 용서하며 가족 울타리 되어
따뜻한 온기로 감싸준 고마운 사랑
또 한 해 마무리하면서
기억 문을 열어 봅니다

일상의 삶 안에서
새로이 태어나는 하루하루가 소중했음에도
살아낸다는 이유로 잊고 살았습니다
이제 그 모든 걸 겸손히 받아
그동안 표현하지 못한 감사의 말 드립니다

그대여, 알고 계시지요
아이들 탄생과 함께 말할 수 없을 만큼의
큰 기쁨과 희망이
제가 그대에게 드린 가장 아름답고
큰 선물이었다는 것을

밤의 연가

수많은 여인
사랑을 속삭이며 별을 수놓는
밤의 길이 언제나 아쉽다

짧아서 사무친 그리움
커피 향기처럼 은은하게
흠뻑 가슴을 적신다

시간은 레일 위 열차처럼
찰나의 향기만 머금은 채
공허만 남는 이유는

젊은이 못지않은 뜨거운 열정
활화산 아래 숨은 마그마
밀고 당기기로 째깍거리는 초침에
아쉬움 더하는 밤인 걸

그대와 함께라면

살아가면서 만나게 될
그 어떤 시련도 고통도
아름다울 겁니다

험한 산길 넘을 때
산 아래 그대가 있다고 생각되면
그 발걸음 가벼울 겁니다

강 건널 때
강 넘어 그대 기다린다면
정신이 혼미할 만큼 기쁠 겁니다

곱게 물든 저녁노을
함께 바라볼 수 있다면
더 이상 바랄 게 없을 겁니다

왔던 길 되돌아갈 수 없는
인생길이어도 그대와 함께한다면
더없이 행복하고 달달할 겁니다

사랑의 난로

누구나 저마다의 모습으로
열심히 살아가고 있지만
마음 따뜻한 사람을 만나고 싶다
어차피 우리네 삶 만나고 헤어지고
그렇게 부대끼며 무게를 감내하며 살아간다

누구나 보이는 것을 익숙하게 비교한다면
나는 어제와 오늘 속 익숙한 외면보다
보이지 않는 내면의 따뜻함을 좋아한다

보이는 건 쉽게 변할 수 있고
보이지 않는 것의 껍데기라는 걸 알기에
가장 쉽고도 정말 고된 게 사랑하는 것
기꺼이 온도 차 맞추는 사랑의 난로가 되련다

사랑한 만큼

꽃도 사랑한 만큼 향기롭고
새들도 사랑한 만큼 고운 소리 내며
숲의 싱그러움도 사랑한 만큼 풍성해집니다

태양도 사랑한 만큼 가슴 따뜻하고
밤하늘 별도 사랑한 만큼 보석처럼 빛나며
사계절도 사랑한 만큼 깊어집니다

예기치 않은 운명이라도
사랑한 만큼 성숙하고
누군가를 사랑한다면
사랑한 만큼 사랑받듯이
우리네 인생 사랑한 만큼
그 부피와 넓이 더해질 겁니다

함께하고 싶다는 건

사랑하는 마음의 행방
언제나 그곳을 향한다는 뜻

두 사람이 어디에 있든
두 마음은 한마음으로
행방불명되지 않는다는 것

함께하고 싶다는 건
둘 사이 마음의 저지선
하나도 없다는 게지

사랑한다는 건

기다림이 사랑으로 느껴지기까지는
거미줄 같은 수많은 선이 교차한다
마음 다잡고 고개 들어 바라보니
나무와 나무 사이 거미줄에
나비 한 마리 살포시 줄 밟더라

사랑한다는 건 얼기설기 쳐놓은
거미줄 위에서의 곡예 같은 것
장미의 가시가 나를 찔러대도
유혹 당하고 싶은 마음

겹겹이 쌓이는 그리움은
점에서 선을 긋고 동그라미 되더니
황홀한 울타리 만들더라

마음은 그대 향해 열어둔 채
사립문 밖으로 마중 나갔다
오늘도 그리움 걸어두고 돌아온다

사람인지라

생명이 있는 모든 건
제 나름 방식대로 살아간다

새는 중천을 날아다니다
나뭇가지에 앉아 쉬기도 하지만
불편한 잠을 잔다

짐승은 덤불 사이 돌아다니며
조심스레 사냥하기도 하지만
나무 아래 누워 편하게 잠 잔다

사람은
지위가 높고 부자라고 행복할까
신분 낮고 가난하다고 불행할까

이치에 맞게 사는 게 답이지만
사람인지라 때로는 불어온 태풍과 마주하고
가끔 파도처럼 출렁이는 게 삶인 것을

약속

누구나 저마다의 모습으로
나름대로 열심히 살아가지만
어차피 우리네 삶
만나고 헤어지며 그렇게 부대끼면서
삶의 무게 감내하며 살아간다

누구나 나름의 기준으로
서로를 비교하고 있겠지만
보이는 것에 익숙한 어제와 오늘이어도
보이지 않는 아름다움 찾고자 한다

보이는 건 언제나 쉽게 변할 수 있다는 것
보이지 않는 것의 껍데기라는 걸 알기에
살아가면서 사랑하는 일이
어쩌면 가장 쉽고도 힘겨운 일
사랑이 얼마나 귀한 보석인지

누군가에게 보여주는 것마저
때로는 거짓이거나 슬픔이 있기에
보이지 않는 아름다움 위해
어제와 오늘, 내일까지 노력하는 것임을

새해

새해 태양이 이글거리며 떠오른다
지금 뜨는 건 어제의 태양이 아니다
날카롭고 용맹한 임인년 검은 호랑이 눈빛
새해의 땅에 꽂힌다

어제의 불행을 오늘의 행복으로
사랑하는 사람의 심장은
한겨울에도 용광로처럼 뜨겁다지 않던가
그러기에 이루지 못할 일 어디에 있나

하루의 삶 인생이 되어 역사가 되니
소망 담아 다시 꿈을 꾸자
아직 내 가슴은 뜨겁고
이상은 날개를 단 듯이 가볍다

저 태양을 보라
오늘 나를 위해 비추니
어떤 시련이 와도 이겨내자
그대들도 소망하는 바 있다면
다 이루어지리니
우리 함께 달려 가보자

인생

어린 눈으로 본 수레바퀴
앞으로 뒤로 잘 굴렀다
세월 따라 그 모양새
세모도 되고 네모도 되어
삐거덕삐거덕

욕심 때문일까
삶의 무게 탓일까
손을 뻗어 내밀지만
허공에 이는 바람
그저 삶이라 여겼는데
살아가는 모습 제각각

팔자려니 세월의 부싯돌
동그란 수레바퀴가 되고
둥근 빵틀 고소한 국화빵처럼
인생도 그리 익어 가더라

마무리

파노라마처럼 흔들리며
지나간 시간의 가없음을 배우고
서산 노을의 아름다움 가슴에 담으며
사람 소리가 지금 가장 큰 기쁨이라는 걸
비로소 안 한 해 조용히 뒤돌아본다

이만큼 살고도 순간 몰아쳐 온 거센 바람에
못 견디게 흔들리는 폭풍 같은 바람은 무엇일까
크게 숨 한번 들이 쉬고 다잡은 지난 시간들

때때로 모든 걸 포기하고
눈 뜨지 않길 바랄 때도 있었고
매일 뜨는 해와 달의 고마움 모른 채
흘러가는 시간 속에 또 한 뼘씩 성숙해진 나

잠자리에 누워 뒤돌아보니
좋은 사람들과 만났던 날의 설렘
마주 보고 마냥 행복했던
시간의 뜨거움과 헤어지는 아픔이
새삼스럽지 않은데도 마음 저린 한 해
지금껏 살아오며 맞이한 새해와 년말
다시 삶의 뜻으로 한 해 마무리한다

당신의 한 해 어떠신가요

자기보다 가족을 더 많이 생각하고 염려하며
친구와 주변 사람을 아끼고 사랑하려 했습니다
사계절 푸른 잎 내어준 나무처럼 살아가려 했기에
해마다 숲처럼 아름답습니다

테스형의 철학은 아니라도
릴케의 서정은 아니더라도
늘 부족함 속에서도 지혜로운 생각 나무를 키우며
사랑의 잎으로 비바람 누이고
인내의 거름 믿음의 뿌리 내리고자 했습니다

지도에도 없는 인생 길
나침판도 없이 걸어야 했을 때
캄캄한 절벽 고독한 눈물 어이 없었겠습니까
그래도 작은 꿈 안고 다시 일어나는
의지의 나, 주어진 삶의 길 묵묵히 걷고 걸어
이 시간 당당히 서 있게 됩니다

그래서 매년
그 어떤 꽃보다 스스로 아름답습니다
당신도 그러했으리라 믿습니다

제 2부

탄생의 언어

고향길에서 만난 가을

높아진 가을 하늘 뭉게구름 떠다니고
코스모스 한들 바람에 몸을 맡긴다
차창 옆으로 스쳐가는 풍요로운 들녘
농부들 콧노래에 알곡들이 춤추고
고추잠자리 앉았다 날아올라 황홀하다

바쁘다는 빌미 무슨 벼슬이라고
고향 가는 길 이리도 좋은데
부모님 숨결이 자리 하고
태어나 자란 고향이건만
공덕의 깊이 잊고 살았는지

도랑물 거슬러 고부랑 산길에
걸린 새끼줄 추억 풀어내며
고향으로 길게 차를 달린다
아스라이 마을이 보일 때쯤
벌써

소똥 냄새 진하게 휘감돌고
가을 햇살 달달하게 익는 홍시
막 끓어 넘치는 구수한 된장찌개
고향의 맛 조롱박처럼 매달린다

인연의 뿌리

최초의 인간임을 고한
베드로의 거꾸로 매달림
출생의 원리를 깨닫는다

어떤 인연으로
엄마의 보드라운
배 속에 잉태하여
가녀린 호흡으로 기다리다

출산의 그 아픔
살을 찢기는 고통까지
견디어낸 아름답고도
모진 인연 대를 잇는다

생명의 신비
인연의 뿌리
견고하다 못해
알알이 눈부시다

한가위 추억

인정이 넘쳐난 고향 들녘
주렁주렁 달린 뒷산 알밤
이제는 추억이 되었습니다

엄마 손은 송편 빚다
솥뚜껑 위 조기 뒤집다
한가위 바삐 담아내었습니다

정 담은 맛있는 음식
온 동네 돌리시던 그 모습
어젯밤 꿈에 보았습니다

휘영청 밝은 달빛에
붉은 감 익어 가는데
엄마의 옛 모습
점점 허공에 지고 있습니다

하루를 그리다

집 나설 때 조용하던 하늘
갑자기 비구름 몰리더니
마치 구멍 난 듯한 빗줄기
앞이 보이지 않을 만큼 세차게 때린다

차창 쓸어내리는 와이퍼는 정신없이
물기를 닦아내고 차들은 속도 내며
이런저런 이유로 거센 빗속을 달린다

집으로 돌아오는 매번 지나온 길
이렇게 비 내리는 날은 새삼 낯설다
닦인 차창 틈 사이로 보이는
바깥세상 불빛이 희미하다

그러고 보니
하루 동안 부딪히며 만났던
사람들 하나둘 어디로 갔는지 지워진다

거리에 발자국 몇 개라도 있으면 좋을 텐데
그 발자국 모두 빗물에 흔적조차 없이
쓸쓸한 바람만 쓰러져 휑하다

〉
사람이 그립다
이런 날엔 더욱더 그렇다
사람이기에 그리워하고
사랑이 있기에 그리움 있다

어우러져 사는 세상
사람이 있어야 살맛 난다
사람 안에 내가 있고
내가 있는 곳에 그들의 온기가 있다

온기 있는 기억 떠올리게 하는
사람이 그립다

남편에게

얼굴 가득 웃음 짓는 당신을 보면
관심 주지 않아도 항상 그 자리 지키는
들꽃을 보는 듯합니다

살 속 깊이 파고드는 찬바람 마주할 때
따뜻한 당신 품 안에 얼굴을 묻으면
넓은 바다 융단에 누운 듯 포근합니다

살면서 힘들고 괴로운 시간 많아도
미소로 감싸고 기쁨으로 품어준 당신처럼
나도 그런 마음 간직하며 살아가렵니다

불 꺼진 방

텅 빈 방
창문 틈으로 초겨울 냉기가
살금살금 온기 찾아 들어 오다
불 꺼진 방에 엉거주춤 서 있다

눈길은
문 여닫을 때마다
텅 빈 방 앞에서 서성이다
문고리에 매달린 냉기와 마주한다

하루 내내 성애를 만들더니
파편처럼 움츠렸다 손끝에 부딪혀
이내 물기 되어 흘러내린다

창밖 가로등 희미한 불빛
귀가하는 사람들 뒷모습 따라
흐느적거리다 타인의 영역이 된다

함께 산다는 건

우리 집에는 남편 아들딸
그리고 반려견 구름이가 산다
모두 자기 방향대로 열심히 산다고
생각하며 살아간다

오래된 젊은 날
오늘도 모른 채 앞만 보고 살았다
꼬맹이 둘 치맛자락 붙들고 간절했던 날
뭐가 그리 바빴을까 고사리손 뿌리치고
바람같이 나와서야 안도의 한숨 쉬며
직장으로 향했던 나

유수의 세월, 어느덧
내 나이 육십 중반에서야
아이들 뒷모습에서 어렴풋이 내가 보인다
옷깃 잡아보려 하지만 모두 바쁜지
쌩하고 바람같이 사라진다

인생도 역지사지인가
서로가 간절할 때 자기 입장만 보였고
상대방 마음이 보이지 않음을
시간 흐른 오늘에야 지난 날이 보이니 말이다

〉
그렇다고 마냥 기다리기보다
또 다른 나를 만나야 한다고 마음 다잡는데
예쁜 구름이 내 마음 아는 듯
귀를 쫑긋하며 기울인다

네 마음이
내 마음인 듯

구름이에게

구름아,
부르면 자기 이름인 줄 아는지
귀 쫑긋하며 눈을 마주한다

구름아, 무슨 생각 하니 물으면
알아듣기라도 하는 듯
고개를 갸웃거린다

구름과 마주 앉는다
새까만 두 눈에 눈물 고일 정도로
내 입만을 빤히 쳐다본다

구름아,
우린 어떤 인연일까
분명 전생에 사랑하는 사이였기에
눈 맞춤 하고 있겠지

때가 되면

우리 집에는 남편 아들딸
그리고 반려견 구름이가
각자 생각과 방향대로
열심히 살고 있다

얼마 전 아들이 결혼하고
우리 품을 벗어나
독립하고 보니 문득
젊은 날 내가 보였다

고사리손으로 옷자락 붙들고
닭똥 같은 눈물로 적신 옷깃
허공에 뿌린 아이의 손으로
그려진 수많은 명화와 눈물 바다

간절함 매몰차게 뿌리치고
바람같이 사라진 그때의 나
언제 이리도 컸는지
늠름한 아들 모습 눈물겹다
어떤 레시피로 보상될 지

아, 옛날이여

무명 솜에 광목 이불
차가운 듯 따뜻함으로
몸과 마음 따뜻하게
채우던 그때 있었지

넓지도 않은 이불 한 장
작은 손으로 귀퉁이
붙들고 잠도 잊은 채
힘겨루기 했었지

겨울이면 이불과의 전쟁
방바닥 온기는
등 따뜻하게 우리를
품고 있었지

더 따뜻한 아랫목엔
늘 아버지 밥그릇이
온기 안고 웃고 있었기에
우리는 행복했었지

호호 불며 일하던 엄마 손
뛰어놀며 꽁꽁 언 우리들 손과 발
방바닥 쓰다듬으며

따뜻한 사랑을 키웠지

그런 옛날이 그립다
살기 편해 잊고 있던
춥고 힘들던 지난날 추억이
타임머신 캡슐 안에 이슬로 빛난다

차가운 윗목엔
항상 콩나물시루가
터줏대감처럼 앉아있었고
콩나물은 밑 빠진 독
검은 보자기 안에서 마치
우리처럼 큰 사랑 키웠지

몸서리치도록 추운 겨울이
두려웠던 우리 겸손과 배려를 배웠고
화롯불에 맛있게 익은 고구마랑 밤
호호 불며 마냥 즐겁던 그 시절

뚫린 창호지 사이로
날리는 눈송이 바라보며
그때 그 시절로 돌아가

탄생의 언어

우주의 기운이 내린
뿌리에서 가느다란
새 생명의 잎 떨군다

탄생의 뿌리 내려간
작은 아기와 서로
마주 앉아 웃는다

가만히 눈을 감고
영롱한 기운과 만나듯
무언의 대화 나눈다

네 뿌리가 되기 위해
긴 시간 보이지 않아도
흐른 피 영롱하게
눈동자에 반사된다

* 첫 손주에게 보내는 첫 번째 詩

사랑의 물레방아

내 할머니가 그랬고
내 엄마가 그랬듯이
나도 그러하다

귀한 새 생명의
손주를 안고 보니
네 할머니
네 엄마가 돌릴
사랑의 물레방아 아래서
웃음꽃 핀다

* 첫 손주에게 보내는 두 번째 詩

내 손주

눈에 넣어도 아프지 않을
예쁜 손주가 있습니다
보면 더 예쁘고 못 보면
눈앞에 아롱거립니다
작은 얼굴, 짤막한 손가락
기저귀 찬 엉덩이

어느 별의 천사였는지
품에 안길 때마다
표현할 수 없는 벅참
로훈아 하고 부르면
쏜살같이 기어와
품속으로 파고들 때

콩콩 작은 심장 소리
몽글몽글 꽃망울로 피어납니다

* 첫 손주에게 보내는 세 번째 詩

극락왕생하시옵소서

전생에 어떤 인연이었기에
이승에서 또 만났을까요
전생의 좋은 사이
이승이 시샘하듯
얽히고설킨 희로애락

당신을 떠나보내는
이 시간 되고 보니
매듭짓고 엉킨 마음
사랑이었으면 좋겠습니다

오늘이 이미 오늘임을 알면서도
버티고 마주하면 이긴다는 어리석음
허망하게 산 자의 부질 없는 욕심임을
오늘에야 깊은 울림으로 눈물집니다

애석한 마음, 미운 마음 어여삐 여기시고
극락왕생하시옵소서
꿈속에 보여준 그 찬란한 빛 따라
더 넓은 세상 어딘가 큰 날개 펼치시어
새 인연으로 다시 만나길 기원합니다

* 시어머니를 떠나보내면서

제3부

물처럼 바람처럼

물처럼 바람처럼

첩첩산중 계곡에서
흘러나오는 청수처럼
그물에 걸리지 않는
바람처럼 살았다

바위에 부딪히면
잠시 지친 몸 뉘고
바람과 마주치면
전하는 소리 듣고
별과 마주치면
별빛 헤다가

감미로운 색소폰 소리
은하수처럼 물결치면
세월 낚듯이 그렇게
또 그리 살다 가련다

호랑나비

나무 위에 있어야 할 애벌레
깨어진 유리 조각 위를
아슬아슬 기어가고 있다

애벌레 가슴 밑에는
긴장과 여유가 교차하며
순간의 평화를 만끽한다

진정한 평화는 안락이 아니라
위험할 때 가장 평화로운 걸
애벌레 유전자는 알기에
잠시 숨을 멈춘다

꽃이란

꽃 피는 이유를 예전엔 몰랐다
꽃이 필 때마다 나무 전체가
힘겹게 흔들린다는 걸 몰랐다

지금에서야 알 것 같다
꽃이 필 때 깊숙한 곳 세포 줄기
마디마다 소스라치게 일어나는
비늘의 떨림을

꽃 지는 이유도 예전엔 몰랐다
꽃이 질 적마다 물 젖은 바람 소리와
흐느끼며 토해내는 거친 숨소리를

너는 사랑해 보았느냐라고
누가 물어본다면
사랑의 달콤함도
사랑의 헤어짐도
꽃 피고 꽃이 지는 이유와
같을 거라고 말하리라

등 굽은 나무

길을 걷다 눈 앞에 등 굽은
한 그루 나무와 마주한다
처음부터 굽지는 않았을
깊은 사연에 귀 기울인다

곧은 듯 굽은 나무가
남의 아픔 아랑곳하지 않고
비웃고 있는 비겁한 모습
보기 싫어 등 돌리다 돌리다가
이렇게 등이 굽게 되었다 하네

등 굽은 나무의 기막힌 사연
듣고 더 화가 나는 이유는
착하게 사는 사람과 닮아서일까
빌어먹을 그딴 자존심 때문일까

곧은 척하는 인간들아
등 굽은 나무 우습게 대하지 마라
잘못 인식된 개인 우월주의 환경에
적응하려다 몸도 마음도
모두 굽었다는 걸 잊지 마라

아름답지 않은 꽃 어디있더냐

피어있는 꽃도
지는 꽃도
아름답지 않은 꽃 어디있더냐

피어있는 꽃은
잠시 머무는 시간을
알고 있기에 아름답고

지는 꽃은
향기를 다 내어주었기에
미련 없이 아름다운 걸

열매로 가는 새로운 세상
기대하는 비켜섬의 이치
저절로 숙연해진다

화평 和平

새싹, 꽃, 나비, 새 연약한 생명체들
소리 없이 피고 날며 노래 부를 때
세상은 화평하다

텃밭 지렁이 굼벵이 땅을 기름지게 만들고
거미줄 걸린 이슬 꽃과 숨바꼭질하고 언덕
오르락내리락 새들의 사랑 나눔도 최고의 화평이지

이렇듯 세상은 작고 아름다운
생명체들이 밝고 따뜻하게
노래하며 자연과 함께하는 덕분이라면

인간도 자연과 다툼없이
아끼며 배려하는 측은지심 마음으로
사랑한다면 화평할 거야

할미꽃

누가 늙었다고 해
아직도 마음은
붉게 타고 있는데

산들바람 부는 봄이면
내 몸의 뽀송한 털
한 올 한 올 과녁이 되어

그대 가슴 안에
둥지 틀고 싶어
몸부림치는 마음 아는지

벚꽃

네 이름만으로도
내 가슴은 설레고
아련한 꽃

아직도 차가운 봄기운
투박한 속살 뚫고 힘겹게
터져 나온 연분홍 꽃망울

마음은 무작정 흔들려
온통 봄빛 찬란한데
하얀 마스크 안에서
표정 없이 잡아보는 너

살포시 내 곁에 왔다가
홀연히 가버릴 봄이여
내년엔 미소 지으며 만나자

아쉬운 벚꽃이여

보도블록 사이에 핀 꽃

언제 닥칠지 모르는 위기감
보도블록 틈을 지배하지만
때로는 고요로 가득하다

지나가는 새들의 발자국
바람 따라 날아든 풀씨들 저마다
희망의 뿌리 내린다

틈 내어준 흙과 빗방울의 베품
눈치껏 견제하며 꽃 피우지만
투박한 두드림에 흔적은 지워진다

자취를 남기고자 하는 고요와
남기지 않겠다는 지배로
공존하는 여기 주인은 누구일까

꽃의 삶

피고 지는 때를 아는
꽃은 얼마나 신통한가

활짝 웃고서 기쁘게 떨어지는
삶 얼마나 멋진가

궁상떨지 않고 애착도
추억도 남기지 않는 꽃의 삶

바람처럼 구름처럼 미련 없이
홀가분하게 누리다 가는 삶
그저 부럽다

꽃집을 지나다 문득

향기로운 프리지어
화려한 빨간 장미
어여쁜 양귀비
소담스러운 스타시스
풍성한 안개꽃
고혹미 넘치는 극락조

저마다 향기와 자태로
지나가는 사람들 마음
흔들어 잡는다

그런데 왠지 내 마음엔
흔들림이 전해지지 않는다
화려함도
소담스러운 자태도
고혹미가 넘쳐도
이보다 더 진한 향기 가졌던
누군가의 기억이 아직도
흔적으로 남아있기에 그렇다

봄꽃 릴레이

봄은
꽃들이 계주하는 계절
매화가 명자나무에게
벚꽃이 산철쭉에게
바톤을 넘긴다

봄은
소리 없는 미소 천사
행복 바이러스 향기로
지치고 힘든 모든 이와
대화를 나눈다

수국 향기

바다 내음 담뿍 담은
태종사 수국 향연
그 자태와 향기에 매료된다

찰나의 향기는
혈관을 훑고
일상의 버석거림 정화 시킨다

살면서 향기를 느낀다는 건
살아있음을 확인하는 것
그것만으로도 행복한 것

삶도 꽃과 같아서
조금 더 배려하고 사랑하면
수국 향기처럼 달콤할 텐데

장미 같은 사랑

따뜻한 햇볕 머금고
수만 송이 첩첩이
길 건너 유리창에도
유독 붉은 장미로 피어

스치는 바람결 따라
움직이는 현란한 율동
초여름 고즈넉한 풍경에
싱그러운 입술 그리며
꽃잎 겹겹이 유혹의 속살 보인다

피어야만 꽃이기에
고고해야 더욱더 그렇기에
내 사랑은 오직
붉은 장미 한 송이

담쟁이

봄볕 초록 담쟁이 이파리들은
실안개 공기 머금었다 뱉으면서
손에 손잡고 절벽 타고 오른다

허공 향해 물안개 피워 올리는
담쟁이가 계절의 그림자 입고
벽화 그려진 가을로 걸어간다

때때로 다가오는 절망 부여잡고
가자 함께 가자고 다독거리듯이
아련한 내 젊음이 되살아난다

담쟁이도 오래된 사명을 지키는지
눈보라 세월 겨울잠으로 살다가도
다시 성벽에 푸른 줄기 뻗는다

능소화

담장 넘어 발그레
입술 연 능소화

그리운 님 기다리는
꽃잎 위로 굴절하는
그대 눈길

다시 없는 날에
펼쳐질 꽃길 따라
시나브로 겹치는
능소화 합장

억새꽃

시간의 분열, 깃털의 놀라움
찬 이슬 초대에 우아하게 답하는
은빛 날개의 무리다

양털같이 촘촘한 하얀 언덕
풍만한 가을 품에 안겨
황홀한 춤 나락에 빠져본다

그리움, 달콤한 추억
가을 길목에 불을 토하며
붉게 물들다 사무쳤던 숨결로

아쉬움, 꿈꾸는 눈빛
하얀 침묵의 흔적 지나
다시 언덕을 지킬 신념으로

정월대보름

달집에 불붙이고
소원 하나 빌 요량이면
사랑하는 마음 오래도록
간직하길 소망한다

나이 들어 메마른 심장에
불같이 뜨거운 여름 햇살처럼
강렬한 불씨 하나 댕겨준 사람

보고 싶을 때 가끔 만나
웃을 수 있는 보름달처럼
둥근 사랑 간직하길 빌어본다

봄날

살아 숨 쉬며 파리한
생명이 꿈틀거리고 있다

갇혀있던 욕망 한 겹씩
벗겨내는 미풍과 마주한다

이 담 저 담 은밀히 타고 넘는 도둑고양이
긴 발톱 용케도 숨기고 뭔가 노리고 있다

음, 무엇인가 훔치고 싶은 봄날
붉은 목련이 막 목젖에서 피고 있다

춘래불사춘 春來不似春

얼었던 산골짜기 계곡
들판의 밭이랑이랑
봄기운 가득한데

아직은 여린 초록이
차가움의 끝자락에
밀려 어설프다

움츠렸던 몸 털고
떠나려는 엄동의
몸부림 아쉽지만

이내 알록달록한
봄꽃 조화가 또
두렵고 기대된다

봄날엔

지금, 지구는 코로나라는
화산같이 생겨 반갑지 않은
꽃 무리로 뜨겁지만

발바닥 간질이는
생명의 움은 봄노래로
대지를 평온하게 한다

봄날이 풀어 놓은
넉넉한 꽃향기에
움츠렸던 마음
연분홍빛 되듯이

선물 같은 봄날
화산 꽃에 공격당하지 않는
알록달록 봄과 뒹굴고 싶다

사월의 노래

꽃 무더기 세상!
고개를 조금만 돌려도
오만가지 고운 꽃들이
활짝 피었습니다

아름다운 봄날!
두 눈으로 볼 수 있어
향기 느낄 수 있어
꽃 핀 사월 길목에
서 있음은 더 없는
행복이고 감동입니다

눈부신 이 봄!
가슴 터질듯한 이 봄!
두 발 부르트도록
꽃길 걸어봅니다

어김없이 내일은 오고
내년 봄은 오겠지만
오늘 이 봄 같을까요?
지금 이 봄 사랑하고
맘껏 어루만져 봅니다

제 4부

가을이 되면
나는 묻습니다

단풍

이 산 저 산 번진 산불이
이 땅의 산 모두 집어 삼켰다
어디서부터 발화되었는지
그 지점 확인할 수 없다

산을 태우다 되돌아서 도시를 향해
쓰나미처럼 불덩이로 변했다
도시인의 가슴도 불길로 황홀하다
기세는 가을비 소화消火로도 역부족

타닥타닥 뜨거운 불기둥아
기왕 태우려면 모순 덩어리 이 땅
미련 없이 활활 태워버리고
멋진 신세계 만들어 주면 좋으련만…

어느 오월

새벽 공기 달콤하게
푸르게 물든 서귀포 표선에서
오월을 즐겼지

지난밤 거센 빗줄기
부드러운 햇살에
고개 숙인 공기로

봄 내음 가득 담아내고
이 날 새하얀 동심 보았지
다시 어느 오월에

유월의 끝자락

능소화가 흐드러지게 피어 사뭇 곱기만 한데
어느새 유월의 마음 접을 때가 오고야 만다

인파 속 공허가 나뭇가지에 걸린 바람처럼
허전함이 장미 가시처럼 파고드는 까닭 무엇일까

아침부터 밤 이슥토록 이야기꽃 피우고 싶은데
비에 젖은 포스트처럼 마음 접어 안으로 넣는다

꽃들이 말을 배우지 않은 이유 알겠다
말 대신 그저 지긋이 바라보는 이유 말이다

꽃들이 만발한 유월 끝자락 곱디곱다

싱그러움

시작은 텃밭에서
상치 가지 아욱 고추 머위랑
하루가 행복하다

행복은 거창한 것도
특별한 것도 아니다
산새 소리 정겹게 말 걸어 오면
기꺼이 화답하는 일상
싱그러운 인생이다

하루 에너지를 줍는 순간을
즐기고 만족하면 그뿐
행복한 인생은
작은 텃밭 언저리에
서 있다

팔월의 노래

여름 뒤에 숨었다 부는 시원한 바람
뜨거웠던 열기 씻어내리는
힘찬 소나기 소리 들리는 팔월엔
좋은 사람 만나고 싶다

푸른 하늘 뭉게구름 넘실대고
마음 간지럽히며 피는 백일홍
붉은 꽃잎이 달달 상큼하게 내미는
입술이면 정말 좋으련만

팔월 바람 소리와
꽃잎 춤사위가
내 님 발걸음 소리라면
꿈속이라도 달려가 안길 텐데

8월의 매미에게

8월 매미야
너의 노랫소리
시골에서 듣던
그 노래가 아니구나

힘들지
네 고달픔이
방충망에 끼어
구슬프다

매미들 노랫소리
도로 위 기계 소리와 부딪혀
저리도 애처로운지

에라 모르겠다
너의 노랫소리
나는 왜
이리도 슬프냐

*어느 날 방충망에 날아와 붙어서 우는 매미를 보고

가을이 되면 나는 묻습니다

가을이 되면 나는 나에게 묻습니다
항상 따뜻한 마음으로 사람들을 사랑했다고
자신 있게 말할 수 있느냐고

가을이 되면 나는 나에게 묻습니다
사람들에게 말과 행동으로 상처 준 일 없었다고
자신 있게 말할 수 있느냐고

가을이 되면 나는 내 인생이 아름답냐고 묻습니다
기쁘게 잘 살았고 지금도 아름답게 잘 살고 있다고
자신 있게 말할 수 있냐고

가을이 되면 나는 어떤 열매 맺었냐고 묻습니다
매 순간 좋은 생각의 씨를 뿌려 고운 말과
바른 행동의 열매 키우려 노력했냐고

지금의 가을엔 그동안 가을 물음에 답합니다
흔들리며 살아온 그 물음에
튼튼한 열매 맺으려 애썼다고 말입니다

가을에 묻는다

가을아, 넌 알았니
여름이 너 앞에 당당히
서 있었다는 것을

낙엽, 너는 기억하니
한때 녹엽이었고
푸르름 잠시 머물다 가는 것임을

가을아, 인생을 알고 있니
부지런하지 않으면
병마와 허무함이 지배한다는 것을

우리에게 죽음은 어떤 의미일까
아마도 미지의 세계로 달리는
은하철도 999 탑승자일지도 모른다

10월이 되면

사랑한다는 말 대신
잘 익은 반시 반쪽
잘라서 드릴게요

좋아한다는 말 대신
설익은 탱자 한 알 따서
그 향기 건네 드릴게요

가을 하늘 뭉게구름에
단풍은 스펀지 물 스며들 듯
물들어가는 10월이에요

누구에게 부칠까
우표없이 부쳐도
알아서 가져가실래요

서먹했던 이에게도
다정한 이들에게도
정다운 벗이 되는 10월이에요

시월

시월,
내 고향 들녘은
황금빛으로 물들고

하늘엔
새털처럼 하이얀 구름
마당엔 노르스름한 국화 향기

텃밭 언저리마다 붉은 고추
집 마당 오래된 감나무 가지마다
익어 가는 주홍빛 홍시

내 고향 시월은
정과 그리움, 사랑으로 충만한
마음 밭이고 넓은 엄마 품이다

시월이 가기 전에

그저 오는 시월
그냥 스치는 인연처럼
잡으려 애쓰지 않습니다

잠시 머물다 지나가는 시월
한시도 가슴에 담아 둔 적 없습니다

문득 지금 나에게 와준 시월
너무나 소중하고 귀하게 다가옵니다

십일월 오기 전에
가슴 열고 흠뻑 빠집니다
다시 오지 않을 시월인 양

가을

어느덧 매미는
가는 무더위 아쉬워
속이 하얗도록 울어대고

풀숲에 둥지 틀었던
들새들의 바쁜 비상
가을을 수놓는다

아름다운 세상 풍경에
시어는 열매 맺고
삶은 노래가 된다

가을바람 · 1

살랑, 스치듯 다가온
가을바람이 살포시 말을 겁니다
결코, 머물지 않고 여행 즐겼다고
귓가를 간질입니다

바람은 미리 말합니다
머물 수 없는 역마살의 운명
또 가야만 한다며 전하는 말이
자연같이 살라고 합니다

가을바람의 큰 소리에
세월의 흔적 돌아보니
수없이 많았던 일들과
차마 하지 못했던 말들

이젠 가슴에 묻고 그저
기분 좋게 휘파람 불며 즐기랍니다
두려움 없이 지나간 많은 날
가을바람이 소중하고 고맙습니다

가을바람 · 2

살랑,
스치듯 다가온 이 바람
어디서 무엇 하다 내게 왔을까

지금까지
머물지 않고 쉼 없이 분 이 바람
또 어디론가 떠날 테지

살포시
내 곁에 왔다
소리 없이 떠나갈 바람

수없이
많은 말 가슴에 담고
온종일 휘파람만 불고 있구나

지난날
내 모습같이

가을비 · 1

무성했던 가로수 나뭇잎 사이로
가을비 촉촉이 내립니다
둘이 앉았던 자리에도
가을비로 젖고 있습니다

두 사람이 사랑하는 동안
바람 불고 비가 내려
나뭇잎 하나둘 물들어
사람으로 무성합니다

둘의 사랑 영글어 가듯이
함께 바라보던 숲도
열매 영글어 땅속으로
파고들 준비합니다

가을비 · 2

그토록 뜨겁던 여름
가을비 한 방울에
천천히 차가워지고

대책 없이 뜨겁던
하루하루의 삶도
가을비가 식히고 있다

몸도 마음도 이제는
서늘해질 준비하라고
가을비가 재촉한다

지금 내리는 가을비
치열했던 지난날을
토닥여주는 손님 같다

가을날 일기

파란 하늘, 에메랄드 바다 공간
잔잔한 파도, 거친 폭풍우의 맥박이
허물 수 없는 오래된 관계처럼
기꺼이 찾아준 가을을 맞는다

가을은
바람의 양력 이용해 활공하는
앨버트로스의 지혜로운 삶처럼
유일무이하게 숭고한 숨결 닮았다

단 한 입 먹거리를 구하기 위해
긴 여정 떠나는 앨버트로스같이
가을도 누군가의 기다림에 깊은 숨
들이키며 부푼 사랑의 날개를 단다

가을 햇살, 따스한 날
가만히 눈 감고 가을을 쓴다
은밀한 곳 감춰둔 너의 그림자
이미 소화되어 걸쭉해진
어죽처럼 부드럽다

가을 연가

산은 산대로
나무는 나무대로
구름 따라 바람 따라
자락마다 잎 새 노래 부르며
가을 산과 나목은
한 생을 안으로 감는다

늦가을 찬비

늦가을 찬비에 나뭇잎
우수수 힘없이 떨어질 때
나도 모르게 한숨이 나온다

아직 못다 한 그들만의 시간이
아쉬운지 부여잡은 손 놓으며
떨리는 손끝이 못내 슬프다

그토록 아름답던 잎의 우아함
빗물에 젖은 몰골 신세
이리도 초라한지 가슴 시리다

우리네 삶도 나뭇잎과 무엇이 다른가
고고한 품위品位도 도도한 위엄威嚴도
한순간 낙엽 신세가 되는데

겨울을 재촉하는 찬비가 잎을 쓸어가던 날
인생의 깊은 사념思念이 내 깊숙한 곳에서
피어올랐다 사라진다

가을이 가려 합니다

무성한 푸름 노래하며
한때 풍요 누렸을 가을이
아쉬운 미련에 머뭇거립니다

다음을 기약하라고
재촉하는 바람 얄밉지만
본래 자리 돌아가는 자연의 이치
마음 다잡는 모습에 눈물겹습니다

싸늘한 바람에 등 떠밀리듯
길 다독이는 가을 산등성이마다
곱게 깔린 양탄자 밟을 수 있도록
사랑의 품도 내어주었기에
아름다운 시를 쓸 수 있습니다

풀과 나무도, 가을로 출렁이던 마음도
등불 켜진 뜰 안에서 계절을 다독이며
가을 편지와 가슴 엽서에
고이 담아 간직합니다

가을을 보낸다

무지개 조각보 수놓은 산
가을 정취 무르익은
산으로 향한다

가을의 청명함
계절의 겸손함에
이기심을 살짝 비운다

능선 따라 저만치 왔나 싶더니
비단구렁이 담장 넘듯이
흔적 지우려 한다

하루 끝자락에 걸린 노을
영근 채색 갈무리 맡기고
편안한 마음으로 가을 느낀다

겨울 초입에 들다

가을 끝자락 잡고 겨울 초입 든다
강 언저리 피어오르는 새벽 물안개
긴 잠에 빠져 들꽃을 다독인다

점점 세어질 찬바람 이겨내기 위해
휘감듯 안기는 나목의 의연함과
소나무의 청청한 기개氣槪에 숙연해진다

겨울 여행 떠나는 나목의 깊은 옹이마다
애틋한 사랑 눈꽃 위에 살포시 수놓으며
절절히 아픈 사랑을 그려본다

겨울은 누구에게나
희망 채우고 번민 비우는
사랑의 계절 창조의 계절임을 각인한다

겨울 이야기

토라진 아이 마음 몽글해지라고
방울 같은 눈이 하얗게 내려 쌓인다

가슴에 심통 같은 심보 떨쳐내라고
겨울바람 세차게 머리 흔들더니

새벽하늘 초록별 선명하게 반짝이며
정신과 마음을 정화시킨다

겨울은 내가 품고 있는
아름다운 꿈 강인하게 견디라고 하네

제5부

황톳길에 눕다

황톳길에 눕다

오늘은
회오리바람처럼 휘몰아친
생각의 역습으로 엉망이다

내 마음
소용돌이에 하소연 하듯
두 발 땅에 내려놓고

거칠게 나대는 역풍
발아래 쫀쫀하게 밟히는
황톳길에 뉘어본다

* 7월 오륜대 걷기에서 길이 어긋나면서

섬

오늘 한 그루
꽃나무를 심었습니다

사랑 꽃나무라 이름 지었습니다
사랑하는 마음이 생길 때
꽃이 피어나기 때문입니다

섬에 꽃들이 무성해지면
내가 꽃이 되고
그대는 풍경이 됩니다

섬에는 동백꽃 붉게 물들고
시어는 향긋하게 익고 익어
향수처럼 농염합니다

풍금

싱그러운 꽃나무 끝에 매달린
연두색 푸르름과 마주했을 때
함께하고픈 이가 절절히 떠오른다면
그대는 충분히 사랑하고 있습니다

따사로운 햇살 아래
커피 한 잔과 빵 한 조각에도
지금 곁에 있으면 좋겠다는 사람 없다면
그대는 절절히 외로운 사람입니다

해지는 노을 바라보며
세월의 깊이만큼의 색소폰 소리 들려와도
가슴 터지는 외침을 모른다면
그대는 아직 더 아파야 합니다

부산이 참 좋다

연둣빛 고운 잎사귀처럼
싱그러운 도시
사람 냄새 머금은
인정의 도시 부산

봄 여름 가을 겨울
사랑스러운 도시
행복과 활력이 넘쳐나는
부산이 참 좋다

변화를 두려워하지 않는 사람
용기와 희망 가득한 젊은 심장 소리
역사가 되는 꿈의 도시 부산

햇살도 바람도
춤추는 살기 좋은 도시
환희의 도시 부산
부산이 참 좋다

불꽃축제

밤하늘 가득 꽃잎 피우더니
생명의 숨결 토하듯 비명 지르다
광안대교 난간에서 숨을 고른다

혼신魂神을 다해 올라가는 불꽃들
결코, 저 바다에 드러눕지 않겠다고
야성의 합창 소리 울려 퍼진다

펼쳐지는 꽃잎
떨어지는 꽃잎
눈동자에 피어나는 별꽃

불꽃은 여백을 수놓는다
박수와 함성의 부추김에
혼불로 뒤섞이다 바람꽃이 된다

물만골 정경 情景

사방 흘러내리는
황령산 줄기 따라
자리 잡은 물만골 정경

산모롱이에 서면 아래로 펼쳐진 숲속
올망졸망 파란 지붕이 마치
물줄기 모여 만들어진 호수 같고

웃고 떠드는 모습이
숲속의 잠자는 공주 깨우는 스머프들
귀여운 몸짓 같이 소박하고 정겹다

이곳에 서면
시원한 바람과 따스한 햇살이
일상에 지친 몸과 마음 씻은 듯
자연과 하나가 된다

가평에 간다

여행이라는 마력 때문일까
그곳에서 처음 마주하게 될
자연과 환경에 대한 기대와
호기심은 여행이 주는 매력이다

그곳의 공기 하늘 물 사람 모두 새롭다
바다 같은 호수에 노니는 크고 작은 새와
평화롭게 헤엄치는 물고기가
새의 날갯짓에 밀어를 나눈다

떠나기 전 가평은 설렘이다
어쩌면 시간제한으로 기꺼이
다 보지 않고 남겨둘지도 모른다
가보지 않은 곳 다시 오기를 바라면서

혹여 다시 오지 못 해도
가보지 않은 곳 더듬으며
언제까지나 기억 속 달빛처럼
다독여 간직하려 한다

용두산 불꽃 나무

해는 지고 없는 용두산 어둡지 않고 밝다
하얀 타워는 울긋불긋 화려한 옷을 갈아입고
알몸인 나뭇가지 위로 불빛으로 일제히 수놓는다
가지마다 수만 개의 꼬마전구 엉겨 붙어
금세 불꽃 나무가 된다

어둠 간 곳 없고 화려하게 여기를 지배하고
밤을 끄고 찬란한 낮을 켜놓은 무서운 권력들
용두산을 지키며 더 이상 물러날 곳 없다는 듯
서 있는 이순신 장군 동상도 잠들지 못하고
강한 불빛에 굴절된 장군의 눈동자가
멀리 등댓불에 반사되어 칼끝에 멈춘다

잎 떨군 앙상한 가지를 부둥켜안고
오롯이 추위를 견디는 처지다
겨울나무들은 이맘때만 되면
밤에도 광합성하며 교란당하고
쉬이 잠들지 못하는 불꽃 나무들
인간의 이기심 언제까지
자연이 용서할지 묻는다

제주 바다

겨울 바다가 보고 싶어 갔었지
수평선 위로 유영하는 바닷새가
하트 그리듯 나를 보고 반긴다
그 옛날 한 사람이 손끝으로 그려주던
사랑 표시 떠오르다 해풍에 허무하게 묻힌다

내가 있도록 가르치는 건
언제나 시간임을 알기에
그때도 지금도 시간 위로
꿋꿋이 걸어 바다에 선다

내게 남은 날 점점 줄어들지만
눈앞에 마주한 바다는 변함없이
사랑하는 이의 영혼에 용기를 준다

제주의 아름다운 바다는
인고의 세월 품고
층층이 궤적 쌓으며 웃고 있다

용눈이 오름

용눈이 오름
선이 고와 붙여진 이름인가
어미용 동쪽 바다 향해 편하게 눕는다

원형 분화구 잉태의 보금자리
세 개의 오름 봉우리 봉긋 솟아
어미용은 새끼용을 품고 있는 듯
화산 온기에 알들을 부화한다

산등성 따라 풀들이 고개 내밀며
돌담의 마소를 깨우고
거친 억새 능선을 호령하는 여름
용마는 분화구에서 땀을 식힌다

보랏빛 향기 품은 토종 한라 꽃 향유
가을 길손 발목을 잡는구나
눈보라 휘날리는 민둥산
고요의 보고 용눈이 오름 사계는
제주의 정체성임을 말한다

토야호를 품다

굴절의 호수 여기 있다
잔잔하게 출렁이는 물결 위 물새들
요테이산 물보라로 젖는다

여기에 내가 있다
도야호 물결이 속삭인다
삿포로 감촉을 기억하라고

해와 달을 품고 산호림하는
호수의 황홀한 여신
토야호를 품는 뮤즈

칭기즈칸이 되다

신나게 달린다
신록의 계절 오월에
초록산 가까이 오라 하고
이팝나무 흰 꽃은
하얀 이 드러내며
무언가를 전하려 손짓한다

도심을 달리는 자
시외를 달리는 자
모두 목적지는 달라도
계절이 전하는 메시지
같지 않을까

오월엔
8백 년 전 이미 21세기를 살다 간
몽골인 칭기즈칸이 되어본다
몽골이란 '아둔한 옛것'이란 표현 때문일까

기약 없는 이동
무식하게 정복한 땅 777만 제곱킬로미터
야만의 칭기즈칸, 세계를 정복한 칭기즈칸

〉
그렇게 말하는 사람 칭기즈칸을 모른다
하루에도 몇 킬로미터를 질주하면서
바뀌어 가는 눈앞에 자연 질서와
세계 질서를 보며 꿈과 비전을 공유했다
머물러 사는 자의 안락이
얼마나 무서운 지를 알려 주었다

나나 너나 상관없이
아침에 눈을 뜨면 모두
질주해야 한다, 더 빨리 달리지 않고
정보를 공유하지 않으면 살아남지
못한다는 걸 잘 알고 있기 때문이다

이 계절은
일상을 벗어나 자연과 벗하며
나를 정복한 내 안의 외침
들어보고 싶은 오월이다

삿포로 추억

자작나무 고혹한 자태
끝없이 펼쳐진 새하얀 가슴
조용하던 산이 용솟음친다

토하듯 속삭이는 거친 숨소리
자작나무가 나를 힘껏 품고
짜릿한 감촉 느껴본 적 있느냐고 묻는다

찰나,
순백의 다리에 휘감긴
황홀한 삿포로 추억 속
히로인…

도도한 여자 당당한 남자

*작사: 예명옥 / 작곡: 김태균 / 노래: 해숙

[1]
어쩌다 어쩌다 이 나이
거울에 비친
여자의 얼굴이 소리 없이
미소가 피어나네

멋진 남자 만나서
좋은 여자 되어서
언제까지나 내가 최고
여자가 최고야

도도히 살아가는 건
여자의 인생
고달프다 하지 마
외롭다고 하지 마
누구나 인생은 고달픈 거야
흔들리며 살아가는 것

이것이 인생의 맛이었던가
여자의 도도함이야

[2]
어쩌다 어쩌다 이 나이
고달픔 익어
달달한 행복이 오색향기
되어서 넘쳐나네

나의 곁을 지켜준
좋은 사람들 있어
언제까지나 내가 최고
남자가 최고야

당당히 살아가는 건
남자의 인생
힘이 든다고 하지 마
부족하다 하지 마
누구나 인생은 미완성이야
그렇게 익어 가는 것

이것이 인생의 맛이었던가
남자의 당당함이야

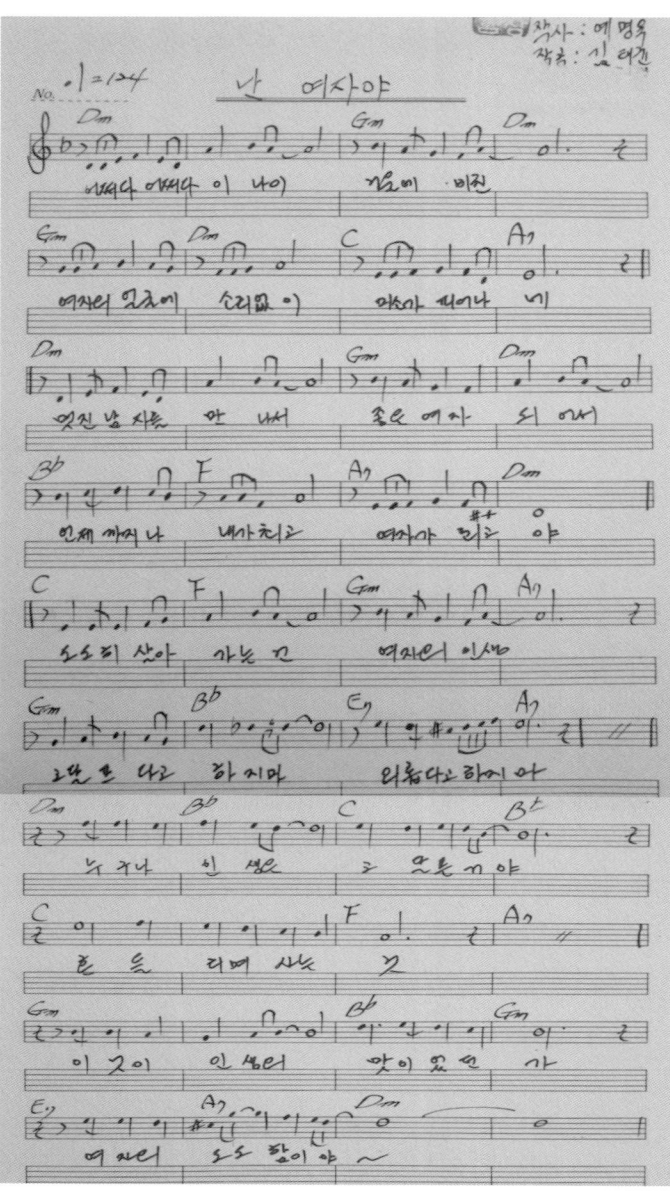

간이역 *작사: 예명옥 / 작곡: 김태균 / 노래: 해숙 (금영 #22107)

새빨간 상사화
따뜻한 햇살 등에 지고
행여나 가슴 조이며
간이역에 기다린다

애타게 기다리는
님의 그림자 보일세라
어제, 오늘의 시간과
숨바꼭질 하며 있네

마음은 녹고 녹아서
파랗게 질리고
가슴은 타고 타들어
빨갛게 멍들었네

님은 가슴에 남아있건만
내 손에 닿지 않더라

햇살마저도 휘어질 때면
가을의 간이역에 서성이인다

붉은 꽃잎도 기다릴 때면
가을의 간이역에 서성이인다

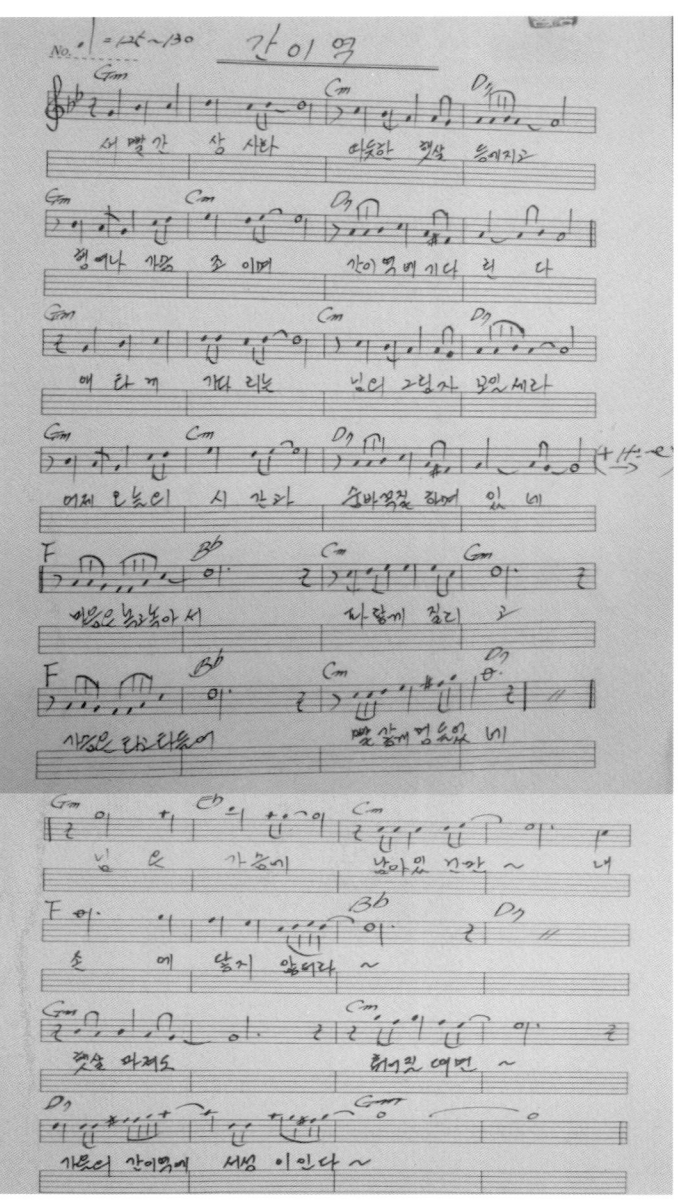

이방인 *작사: 예명옥 / 작곡: 박현진 / 노래: 해숙

혹여나 그대 가슴에 내 맘이 잡힐세라
혹여나 그대 손길에 내가 잡힐세라
입술을 깨물며 참아 참아 보다가
끝내 맺힌 눈물이 흘러내린다

그립다 보고 싶다 너무나도 사랑했었다
그대를 향한 그리운 내 마음 전부를
하늘 바다에 던져보면은
그대를 향한 내 사랑의 외침들은

수 없는 책으로 만들어지고
지금도 가둬두고 싶은 내 가슴은
오늘도 나는 이방인
나는 나는 이방인

이방인

8 Beat ♩=76 박00간

혹여나 그대 가슴에 내 맘이 잡힐세라 혹여나 그대 손길에 내가 잡힐세라
(행여나)

입술을 깨물며 참아 참아 보다가 끝내 맺힌 눈물이 흘러내린다

그리워 보고싶 다   너무도 사랑했었 다

그대를 향한 그리운 내 마음 전부를 하늘 바다에 던져 보면 은

그대를 향한 내 사랑의 외침들은 한 권의 책으로 만들어지고
(수없는 ")

지금도 가둬두고 싶은 내 가슴은 오늘도 나는 이방 인
                              나는 나는 나는 이방 인